Marketing en TikTok. *Marketing* a través de las principales Redes Sociales

Miriam Barberá Luque

ic editorial

Marketing en TikTok. *Marketing* a través de las principales Redes Sociales
© Miriam Barberá Luque

1ª Edición

© IC Editorial, 2024

Editado por: IC Editorial
c/ Cueva de Viera, 2, Local 3
Centro Negocios CADI
29200 Antequera (Málaga)
Teléfono: 952 70 60 04
Fax: 952 84 55 03
Correo electrónico: iceditorial@iceditorial.com
Internet: www.iceditorial.com

ISBN: 978-84-1184-322-5
Depósito Legal: MA 1905-2024

Impresión: PODiPrint
Impreso en Andalucía – España

Nota de la editorial: IC Editorial pertenece a Innovación y Cualificación S. L.

Índice

OBJETIVOS GENERALES

Los objetivos generales del título **Marketing en TikTok. Marketing a través de las principales Redes Sociales** son:

- Describir las principales características de la aplicación TikTok.
- Descubrir las posibilidades de TikTok en una estrategia de *marketing* digital para la empresa.
- Identificar los principales tipos de anuncios en TikTok y cómo hacer que estos sean virales en la aplicación.
- Conocer cómo crear una campaña de anuncios en TikTok.
- Desarrollar una adecuada estrategia de *marketing* en TikTok.

TikTok: qué es y su historia

Contenido

Objetivos

El objetivo general de esta unidad de aprendizaje es:

→ Describir las principales características de la aplicación TikTok.

Los objetivos específicos de esta unidad de aprendizaje son:

→ Definir qué es TikTok.

→ Sintetizar la historia de TikTok.

→ Identificar las funcionalidades básicas de la aplicación.

1. Introducción

TikTok es una red social que ha crecido de manera exponencial en los últimos años. Se trata de una aplicación para teléfono móvil y ordenador que permite crear vídeos cortos muy creativos, que llegan a un público mayoritariamente joven y que tienen como principal objetivo ser virales.

Así, es una aplicación sencilla que cuenta con diferentes funcionalidades para que los usuarios puedan interactuar entre sí, así como con los vídeos publicados, desarrollando al máximo las posibilidades de creatividad y originalidad.

Para entender esto mejor, nos centraremos en el caso de Laura, una joven que ha abierto recientemente su propia floristería, especializada en arreglos florales artesanales. Para darse a conocer entre un público más joven, ha decidido darles una oportunidad a las redes sociales. Así, quiere empezar a trabajar con TikTok.

2. Cómo nace TikTok y qué es

 HILO CONDUCTOR

Laura quiere promover su negocio en las redes sociales y, dado que es una chica joven, quiere investigar qué red social le puede ser beneficiosa. Después de darle varias vueltas, ha decidido que quiere abrir un perfil en TikTok.

TikTok se ha convertido en una de las redes sociales por excelencia en la actualidad, y es que su facilidad de uso y la viralidad que ofrece la convierten en un medio digital muy atractivo. Y lo más curioso de esta aplicación es que su historia es relativamente reciente, por lo que su popularidad ha pasado, prácticamente, del cero al cien en muy poco tiempo. Esto solo demuestra el gran potencial que tiene, especialmente para las estrategias de *marketing* digital en las empresas.

Logo de TikTok (©Fotografía: XanderSt / Shutterstock.com)

NOTA

Se trata de una red social que permite realizar vídeos de entre 15 y 60 segundos, que suelen tener un tema humorístico.

Estos vídeos se pueden editar de manera rápida desde la propia aplicación, y tienen como objetivo hacerse virales. Se puede acceder a esta red social tanto desde un *smartphone* (mediante la aplicación) como desde un ordenador a través de su página web.

PARA SABER MÁS

Si quieres consultar la red social TikTok, puedes hacerlo accediendo desde aquí:

https://redirectoronline.com/marketingtiktok0101

IMPORTANTE

Recientemente, TikTok también permite subir vídeos largos de 10 minutos, aunque los vídeos cortos siguen siendo el principal atractivo de la aplicación.

- -

2.1. Cómo nace TikTok

Esta red social pertenece a la empresa china ByteDance, fundada en el año 2012 por Zhang Yiming. Lo cierto es que esta aplicación nació en el año 2016, aunque originariamente se llamaba Douyin, siendo este el nombre popular por el que se la conocía en China. Fue una aplicación muy popular, por lo que ByteDance decidió expandirla al resto del mundo y comercializarla a nivel internacional, y, por ello, creó la marca TikTok.

NOTA

TikTok, con este nombre, nació en 2017. Y fue también en este año cuando la empresa hizo un movimiento clave, que también ayudó a aumentar considerablemente la popularidad de la aplicación.

- -

Así, fue también en 2017 cuando la empresa compró la también conocida aplicación Musica.ly, la cual se centraba en crear vídeos musicales. Con esta fusión, integró a los usuarios de la anterior aplicación y, en el año 2018, se hizo muy famosa en Estados Unidos. Esta fama veloz y exponencial hizo que se empezara a utilizar masivamente también en el resto del mundo.

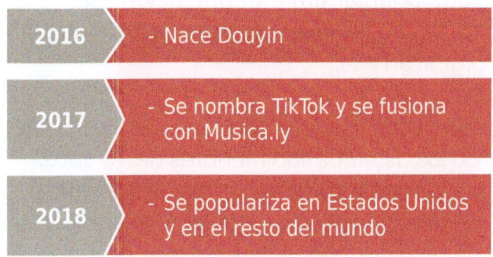

2016 - Nace Douyin

2017 - Se nombra TikTok y se fusiona con Musica.ly

2018 - Se populariza en Estados Unidos y en el resto del mundo

 **VÍDEO**

Puedes visualizar un vídeo para entender, de una manera más amena, qué es TikTok y cuál es la historia de su creación, accediendo desde aquí:

https://redirectoronline.com/p7ynu

Algunos de los **datos más sorprendentes** de TikTok son los siguientes:

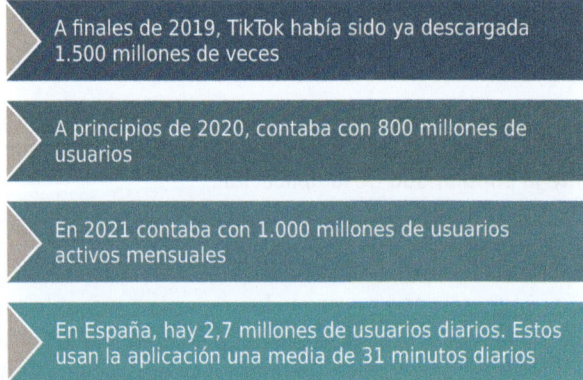

- A finales de 2019, TikTok había sido ya descargada 1.500 millones de veces
- A principios de 2020, contaba con 800 millones de usuarios
- En 2021 contaba con 1.000 millones de usuarios activos mensuales
- En España, hay 2,7 millones de usuarios diarios. Estos usan la aplicación una media de 31 minutos diarios

En términos más concretos de audiencia, TikTok se ha convertido en una aplicación muy popular entre la población más joven. Estos son algunos **datos** que se deben tener en cuenta a la hora de planear una campaña de *marketing* digital en ella:

- ⊃ La mayoría de los usuarios son menores de 25 años.
- ⊃ El 20 % de los usuarios son menores de 19 años.
- ⊃ El 32 % de los usuarios tienen entre 20 y 24 años.
- ⊃ El 27 % de usuarios tienen entre 30 y 40 años.
- ⊃ El 55 % de usuarios son mujeres, mientras que el 45 % son hombres.

3. Principales funcionalidades de TikTok

☞ **HILO CONDUCTOR**

Antes de abrir el perfil en esta red social, Laura investiga un poco más en profundidad cuáles son sus funcionalidades y qué puede hacer en cada una de ellas. Esto le permitirá conocer más la aplicación para sacarle el máximo partido para su negocio más adelante.

TikTok es una aplicación sencilla de utilizar, pero que cuenta con diferentes funcionalidades que la convierten en una herramienta muy atractiva. Para empezar, cuenta con unas secciones simples e intuitivas, con las que el usuario se puede familiarizar rápidamente.

Estas **secciones** son:

- **Feed o home:** el *feed* o la *home* de TikTok es la sección principal y lo primero que aparece al abrir la aplicación. Es aquí donde se encuentran las publicaciones. Aun así, se pueden diferenciar dos tipos de *feed:*

  - **Feed seguidos:** aquí aparecen todas las publicaciones de las cuentas a las que se siguen.
  - **Feed For You:** aquí aparecen las publicaciones de cuentas que le puedan interesar al usuario, según sus intereses y el tipo de interacción que se suele tener. Actúa como una recopilación de recomendaciones.

- **Descubre:** en este apartado, el usuario podrá encontrar todas las tendencias que se encuentran en el momento, así como los *hashtags* más utilizados.

 **DEFINICIÓN**

Hashtag

Hashtag hace referencia a una palabra clave (o conjunto de palabras clave) precedida de la almohadilla (#) y que se utiliza en redes sociales para identificar o etiquetar un contenido. Estos *hashtags* (también llamados *tags* o *etiquetas*) suelen ser clicables. Un ejemplo de *hashtag* sería #perro, #viral, #sinfiltros y similares.

- -

➲ **Nueva publicación:** este es el botón que se encuentra en el centro de la pantalla, y es el que permite crear los nuevos vídeos que se desean publicar. Cuando se hace clic en él, se abre el editor de la red social, siendo este su principal elemento distintivo.

Uno de los principales atractivos de esta aplicación son sus efectos, ya que permite utilizar una amplia variedad para hacer los vídeos más llamativos.

➲ **Bandeja de entrada:** es donde se encuentran tanto los mensajes directos recibidos por otros usuarios como las notificaciones de la propia aplicación. Notificaciones tales como *likes,* seguidores, recomendaciones y demás.

➲ **Perfil:** como su propio nombre indica, este es el perfil del usuario. En él, se incluye el nombre de perfil, una imagen de perfil y una pequeña biografía. También se pueden incluir enlaces a otras redes sociales. En dicho perfil aparecen los vídeos que se hayan publicado.

Además de estas secciones, la aplicación cuenta con cuatro **funcionalidades** muy interesantes:

Dueto
- Una de las funciones más interesantes de esta aplicación es la de **Reaccionar,** con la cual se puede grabar la reacción de un usuario a un determinado vídeo. Esta funcionalidad permite editar dos vídeos contiguos con la pantalla dividida: en una parte, el vídeo original al que se quiere reaccionar o que se quiere utilizar, y en la otra parte el vídeo grabado por el usuario.

Borradores
- Es una función que permite guardar los vídeos que se editan sin llegar a publicar como borradores. Así, se puede acceder a ellos para publicar más adelante, o eliminar si se desea.

Guardado
- Con esta funcionalidad, el usuario puede guardar vídeos y publicaciones que le interesen, así como sonidos, *hashtags* o filtros. De este modo, se crea una galería personalizada a la que puede acceder en cualquier momento. Se trata de una sección solo visible para el usuario que la crea, ya que es personal.

En vivo
- TikTok permite la posibilidad de emitir vídeos en directo a través de esta funcionalidad.

 **VÍDEO**

Mira el siguiente vídeo y entiende mejor qué es TikTok, así como el impacto que tiene. Podrás recopilar la información dada en la unidad en este breve vídeo, accediendo desde aquí:

https://redirectoronline.com/marketingtiktok0103

 ACTIVIDAD COMPLEMENTARIA

1. Descarga la aplicación de TikTok, crea tu propio perfil y navega un poco por ella. ¿Crees que es una aplicación intuitiva? ¿Las funcionalidades que tiene son fáciles de encontrar? ¿Consideras que los vídeos recomendados para ti son acertados? Después de haberla utilizado un poco, ¿qué opinas de su éxito y los datos que está alcanzando?

 TAREA 1

Paola es la *community manager* de una empresa de informática que, en el día de hoy, necesita publicar un nuevo vídeo para promocionar una oferta de la empresa, utilizando una canción que está de moda que encontró en varios vídeos días atrás y decidió guardar para cuando llegara el momento. También quiere hacer un vídeo reaccionando a una publicación de HP y contestar a las dudas de varios usuarios que le han envidado mensajes.

Actúa como si fueras Paola y describe qué funcionalidades de TikTok vas a utilizar para realizar cada tarea.

---

4. Resumen

TikTok es una aplicación que permite realizar vídeos cortos de entre 15 y 60 segundos con un tono humorístico y con la finalidad de hacerse virales. Esta aplicación tiene una historia reciente pero efectiva:

Así, se trata de una aplicación que llama la atención entre el público joven y que, debido a sus múltiples funcionalidades, es idónea para crear campañas de *marketing* de una manera cercana.

Las principales funcionalidades de TikTok son:

Ejercicios de autoevaluación
Unidad de Aprendizaje 1

1. Originariamente, TikTok se creó en...

    a. ... Rusia.
    b. ... China.
    c. ... Japón.
    d. ... Estados Unidos.

2. Indica si la siguiente oración es verdadera o falsa: "TikTok permite crear vídeos de entre 15 y 30 segundos como máximo".

    ■ Verdadero
    ■ Falso

3. La mayoría de usuarios de TikTok tiene...

    a. ... entre 30 y 40 años.
    b. ... menos de 18 años.
    c. ... menos de 25 años.
    d. ... entre 18 y 20 años.

4. Los vídeos que muestra TikTok en función de las interacciones e intereses del usuario aparecen en:

    a. La *home*
    b. La bandeja de entrada
    c. El dueto
    d. Descubre

5. Indica si la siguiente oración es verdadera o falsa: "En la sección de Guardado se pueden guardar incluso *hashtags*".

    ■ Verdadero
    ■ Falso

¿Por qué integrar TikTok en tu estrategia de *marketing* digital?

Contenido

Objetivos

El objetivo general de esta unidad de aprendizaje es:

→ Descubrir las posibilidades de TikTok en una estrategia de *marketing* digital para la empresa.

Los objetivos específicos de esta unidad de aprendizaje son:

→ Sintetizar los beneficios de TikTok para las empresas.

→ Identificar las principales estrategias de *marketing* digital en TikTok.

1. Introducción

TikTok es una red social muy bien acogida no solo entre usuarios personales, sino también entre empresas. Y es que es innegable que esta nueva plataforma ofrece a las marcas y empresas múltiples beneficios que no se pueden pasar por alto.

Gracias a TikTok, las empresas pueden alcanzar un mayor público, además de generar más *engagement,* acceder a buenas estadísticas o explotar la creatividad.

Esta creatividad se puede explotar, además, de diferentes formas y estrategias. Por ejemplo, apostando por *challenges,* por *trends* o por *marketing* de *influencers,* entre otras varias opciones.

Para entender esto mejor, nos centraremos en el caso de Laura, quien, para terminar de decidirse a la hora de abrir su perfil, está conociendo todas las ventajas que TikTok le puede realmente aportar a su negocio.

2. Beneficios de TikTok para la empresa

 **HILO CONDUCTOR**

Laura decide valorar un poco mejor qué beneficios le aportará a la empresa el abrirse una cuenta de TikTok y empezar a trabajar en ella, ya que muchos de sus clientes y amigos le han recomendado hacerlo cuanto antes.

TikTok se ha convertido en una red social no solo idónea para los usuarios que quieren lograr vídeos virales, sino también para las empresas, que pueden encontrar en ella un nuevo medio de comunicación para llegar a su audiencia.

Lo cierto es que se trata de una plataforma con múltiples beneficios para la empresa, ya que, a grandes rasgos, ayudará a llegar a un público objetivo concreto, permitirá alcanzar una mayor audiencia —especialmente si consigue vídeos virales—, logrará que se hable de ella y, finalmente, convertirá a muchos usuarios en clientes.

Así pues, los principales **beneficios** de TikTok para la empresa son:

- ⮑ **Su creciente audiencia permite alcanzar un mayor público:** TikTok tiene una gran cantidad de usuarios activos diariamente, por lo que es posible alcanzar una mayor audiencia.
- ⮑ **Es ideal para conectar con la generación Z:** teniendo en cuenta que la mayoría de los usuarios de esta aplicación es menor de 25 años, se trata de una plataforma idónea para conectar directamente con la generación Z (nacidos entre 1995 y 2000). Por lo que, si la marca o empresa tiene parte de esta generación como público objetivo, es un gran trampolín para llegar a ella.
- ⮑ **Tiene un público internacional:** TikTok no cuenta solo con público nacional, sino que se trata de una aplicación muy conocida a nivel mundial que, gracias a su viralidad y a las múltiples funcionalidades que ofrece, permite alcanzar un público internacional.
- ⮑ **Tiene un gran *engagement*:** no solo destaca por su gran audiencia, sino porque esta también ofrece un gran *engagement*. El *engagement* es la reacción, respuesta y compromiso de un usuario con la marca. Se puede traducir en la cantidad de interacciones que un contenido genera por parte del público.
  Es este *engagement* el que hace que los vídeos se puedan convertir en virales y que el público pueda llegar a hablar de la marca, interactuar con ella o, incluso, comprar los productos o servicios que esta ofrece.
- ⮑ **Permite crear campañas más creativas:** algo que ha hecho muy famoso a TikTok es la amplia creatividad que ofrece, ya que esto le da a la empresa diferentes posibilidades de comunicación para probar. Y no solo en lo que a tonos y temáticas se refiere, sino también a las posibilidades de explorar en campos como la edición de los vídeos, los sonidos, el contenido de los vídeos, etc.
- ⮑ **Es muy fácil conectar con la audiencia:** la creatividad y el gran número de público hacen que sea muy fácil para las empresas el conectar con la audiencia.
- ⮑ **Ofrece buenas estadísticas y datos:** se trata de una aplicación que ofrece buenos datos y estadísticas, de modo que las empresas pueden acceder a estos para saber si el contenido que se va a compartir va a poder tener éxito o no. Del mismo modo, se podrá saber el crecimiento del perfil, las interacciones del vídeo publicado y mucho más.
- ⮑ **Permite lograr grandes resultados a un coste bajo:** otro de los grandes beneficios de TikTok para las empresas es que esta aplicación permite lograr grandes resultados teniendo en cuenta que la inversión no necesita ser demasiado alta.

PARA SABER MÁS

Puedes saber más sobre las estadísticas de TikTok y cómo analizarlas accediendo desde aquí :

https://redirectoronline.com/marketingtiktok0201

 SABÍAS QUE...

Actualmente, los anuncios de TikTok llegan al 13,1 % de la población mundial.

---

3. Posibilidades de TikTok en *marketing* digital

☞ **HILO CONDUCTOR**

Además de pensar en los beneficios, Laura también quiere saber qué puede hacer en su cuenta de TikTok. ¿Qué posibilidades hay? ¿Qué estrategias puede seguir en su campaña de *marketing* digital?

TikTok es una gran plataforma para las empresas, ya que ofrece buenos resultados y una buena manera de conectar con el público. Y es que esta popular red social permite a las empresas explorar diferentes formas de crear publicidad a través de ella, apostando, así, por una mayor licencia creativa a la hora de apostar en *marketing* digital.

De este modo, TikTok ofrece a las empresas y marcas un amplio abanico de **posibilidades a la hora de comunicarse** a través de ella:

- ⮞ **Cuenta de empresa:** una opción que ofrece TikTok es crear una cuenta de empresa, que tiene algunas funciones diferentes a las de una cuenta personal. Esto permite un mejor posicionamiento y un perfil más profesional que se diferencie del resto de usuarios.
- ⮞ **TikTok for Business:** *TikTok for Business* es una opción de la aplicación que permite crear campañas de anuncios pagados en ella. Esto permite realizar anuncios dirigidos a un público más concreto, a la par que favorece la conversión de usuarios en clientes finales.
- ⮞ **Marketing de influencers:** otra de las estrategias posibles que se pueden seguir en TikTok es la del *marketing* de *influencers*. Esto consiste en realizar publicidad a través de los llamados *influencers* (o también *creadores de contenido),* quienes pueden promocionar la marca, el producto o servicio a través de un vídeo (o varios) en TikTok.
  En este caso, es importante que los *influencers* escogidos tengan los mismos valores que la empresa y se dirijan al mismo público objetivo que ella. De lo contrario, la campaña no solo no será beneficiosa en términos de conversiones, sino que puede llegar a ser incluso perjudicial para la marca, al no ser una campaña de publicidad coherente.
- ⮞ **Variedad de temáticas y tonos:** tal y como ya se ha comentado en la unidad anterior, una de las grandes posibilidades de TikTok es que permite adoptar una amplia variedad de temáticas y tonos. De este modo, las empresas y marcas pueden recurrir a diferentes opciones en función del tipo de contenido que quieran realizar, así como en función del tipo de producto o servicio que quieran publicitar.
  La innovación y reinvención son clave en TikTok.
- ⮞ **Challenges y trends:** sin duda, si hay algo característico de TikTok son los *challenges* y los *trends*. Los *challenges* son los retos, que habitualmente son pequeñas coreografías que se realizan con diferentes canciones, aunque también pueden ser retos como ejercicios o similares.
  Por su parte, los *trends* son también muy conocidos en esta red social, y estos son tendencias, que pueden estar relacionadas con los *challenges* o no.
  Las empresas pueden encontrar en estos contenidos una manera muy original y divertida de promocionarse.
- ⮞ **Interacción:** esta plataforma es muy interactiva, por lo que permite tener una comunicación mucho más directa y fluida con el público objetivo. Es importante que la empresa o marca preste atención a este tipo de *feedback* para poder crear una comunidad más interactiva, además de mejorar el *engagement*.

PARA SABER MÁS

Puedes conocer más sobre cómo funciona una cuenta de empresa accediendo a la propia página de ayuda de TikTok, desde aquí:

https://redirectoronline.com/marketingtiktok0202

 ## ACTIVIDAD COMPLEMENTARIA

2. Busca un ejemplo de alguna de las posibilidades de TikTok en *marketing* digital nombradas anteriormente para ver claramente cómo se pueden realizar.

 ## TAREA 2

Luis es el director de *marketing* digital de un concesionario de coches de alquiler que opera en una de las mayores ciudades turísticas de España y cuyo principal público objetivo son turistas extranjeros de entre 23-45 años.

Luis está pensando en abrir una cuenta de TikTok y crear una nueva estrategia de *marketing* en ella. Piensa como él y enumera y justifica los que crees que pueden ser los beneficios de esta plataforma para su empresa.

---

4. Resumen

TikTok se puede convertir en uno de los mejores aliados de la empresa si se implementa adecuadamente en una estrategia de *marketing* digital. Esta plataforma cuenta con múltiples beneficios y posibilidades que no se deben obviar:

Beneficios	Propiedades
- Mayor alcance	- Cuenta de empresa
- Conexión generación Z	- *TikTok for Business*
- Público internacional	- *Marketing* de *influencers*
- Gran *engagement*	- Variedad de temáticas y tonos
- Campañas más creativas	- *Challenges y trends*
- Fácil conexión con audiencia	- Interacción
- Estadísticas y datos	
- Grandes resultados a un coste bajo	

Ejercicios de autoevaluación
Unidad de Aprendizaje 2

1. TikTok es la mejor opción para conectar con...

    a. ... la generación Y.
    b. ... la generación Z.
    c. ... la generación X.
    d. ... los *baby boomers.*

2. Indica si la siguiente oración es verdadera o falsa: "TikTok es una buena plataforma para desarrollar una estrategia de *marketing* digital, pero los costes son elevados".

    ■ Verdadero
    ■ Falso

3. Un gran beneficio de TikTok es que permite lograr un gran...

    a. ... coste del anuncio.
    b. ... retorno en las compras.
    c. ... *engagement.*
    d. ... perfil personalizado.

4. La herramienta para crear anuncios en TikTok se llama:

    a. *TikTok Ads*
    b. *TikTok for Business*
    c. *Ads for TikTok*
    d. *TikTok Publicy*

5. Indica si la siguiente oración es verdadera o falsa: "Los *challenges* y los *trends* son dos de los contenidos más comunes y famosos en TikTok".

    ■ Verdadero
    ■ Falso

Tipos de anuncios en TikTok

Contenido

Objetivos

El objetivo general de esta unidad de aprendizaje es:

→ Identificar los principales tipos de anuncios en TikTok y cómo hacer que estos sean virales en la aplicación.

Los objetivos específicos de esta unidad de aprendizaje son:

→ Definir los anuncios *TopView, Brand Takeover, Hashtag Challenge, Branded Effects* e *In-Feed Ads.*

→ Resumir las principales estrategias para conseguir que un vídeo tenga éxito en TikTok.

1. Introducción

TikTok es una red social con mucho potencial, como así lo son también los diferentes anuncios que se pueden crear en ella. Así, esta plataforma ofrece diferentes posibilidades para marcas y empresas.

Por un lado, se pueden crear anuncios que se identifican claramente como anuncios: algunos de ellos ocupan toda la pantalla y permiten la interacción de los usuarios; otros, en cambio, no lo permiten.

Asimismo, también existe la posibilidad de crear anuncios más originales e interactivos con la audiencia, creando retos o efectos que sirvan para popularizar la marca más fácilmente.

En cualquier caso, todos los anuncios de TikTok cuentan tanto con ventajas como desventajas que cada empresa debe valorar antes de tomar una decisión. De igual forma, las empresas también deben seguir una serie de consejos a la hora de crear sus vídeos y anuncios si quieren que estos se lleguen a viralizar.

Para entender esto mejor, nos centraremos en el caso de Laura, quien está estudiando los diferentes tipos de anuncios que puede crear en TikTok para promocionar su nuevo negocio de forma eficiente en esta plataforma.

2. *TopView*

 HILO CONDUCTOR

El primer tipo de anuncio que Laura estudia es el de *TopView*. ¿En qué consiste este anuncio? ¿En qué se diferencia de los demás?

Uno de los principales anuncios que se pueden realizar en TikTok son los llamados **TopView.** Este tipo de anuncios son aquellos que ocupan toda la pantalla y aparecen en la sección de **Para ti** o al abrir la aplicación. Son vídeos de unos 60 segundos en los que el usuario puede darle a *me gusta* o, incluso, comentar, compartir o interactuar.

*Ejemplo de anuncio TopView
en TikTok*

NOTA

La relación de aspecto (el tamaño) de estos anuncios puede ser 9:16, 1:1 o 16:9.

Este tipo de anuncios tiene una serie de **ventajas** y **desventajas:**

Ventajas ✔	Inconvenientes ✖
- Al durar 60 segundos, la marca tiene más tiempo para transmitir el mensaje que desea en el anuncio. - Al ocupar toda la pantalla, evita distracciones de otro contenido o de otros competidores. - Se alcanza un elevado número de impresiones. - Es idóneo para la imagen de marca.	- Los usuarios lo identifican como tal desde el primer momento, lo que puede crear cierto rechazo en alguno de ellos.

3. Brand Takeover

☞ **HILO CONDUCTOR**

Como nuevo emprendimiento, Laura tiene muy claro que le gustaría trabajar en profundidad su imagen. Por ello, quiere saber qué tipos de anuncios le pueden servir concretamente para comunicar y hacer viral su marca de floristería. ¿Qué es *Brand Takeover?*

Otro de los anuncios más populares y utilizados en TikTok son los **Brand Takeover.** Estos son anuncios, también en pantalla completa, donde los elementos visuales incluidos pueden ser tanto estáticos como dinámicos.

Los anuncios *Brand Takeover* aparecen al abrir la aplicación y están limitados a un anuncio por marca por usuario por día. Es decir, cada usuario no puede ver más de un anuncio *Brand Takeover* en su cuenta al día.

Este tipo de anuncios puede ser una imagen estática de 3 segundos o vídeos con una duración de 3 a 5 segundos.

✎ **NOTA**

La relación de aspecto de estos anuncios puede ser 9:16, 1:1 o 16:9.

Las **ventajas y desventajas** de estos anuncios son:

Ventajas 	Inconvenientes
- Alcanzan un gran número de impresiones. - No se pueden omitir por los usuarios. - Ofrecen buenos resultados para la presencia de marca.	- También son fácilmente identificables como anuncios. - Los usuarios no pueden interactuar con ellos.

IMPORTANTE

El coste de este tipo de anuncios es más elevado que el del resto de formatos, dada su espectacularidad.

---

4. *Hashtag Challenge*

HILO CONDUCTOR

Teniendo en cuenta que hay un público muy joven e interactivo en TikTok, Laura también valora los *Hashtag Challenge*. ¿Qué tienen de peculiares estos anuncios? ¿Qué ventajas y desventajas tienen?

En TikTok también se puede utilizar el formato **Hashtag Challenge** para crear anuncios. En realidad, este tipo de anuncio es más similar a una campaña y se caracteriza por que capitaliza el contenido generado por los usuarios.

De este modo, la marca invita a los usuarios a generar contenido mediante un *challenge* sobre un tema relacionado con la campaña en cuestión. Este tipo de campaña suele tener una duración de 6 días.

NOTA

Estos son los retos virales tan conocidos de TikTok, lo cual aprovechan las marcas para generar un mayor *engagement* a la par que ganar notoriedad.

Este desafío se ubica en tres zonas dentro de TikTok: en el *feed,* en los *banners* destacados de la sección **Descubrir** y en una página final donde se encuentra el desafío, en la que se incluyen todos los desafíos generados por los usuarios.

IMPORTANTE

Según datos ofrecidos por TikTok, este tipo de anuncio tiene un *engagement* medio del 8,5 % durante toda la duración de la campaña.

Las principales **ventajas y desventajas** de los anuncios *Hashtag Challenge* son:

Ventajas	Inconvenientes
- Se alcanza un elevado número de impresiones. - Los usuarios no los pueden omitir. - Son óptimos para la imagen de marca.	- Se identifican fácilmente como anuncios. - El propio anuncio no permite interacción con el usuario: no se puede comentar o dar a *me gusta.*

EJEMPLO

Un ejemplo de *Hashtag Challenge* es el de #tumbleweedchallenge, de *The Tonight Show,* el programa televisivo de Jimmy Fallon. Así se veía la página del *Hashtag Challenge:*

Continúa en página siguiente >>

<< Viene de página anterior

5. *Branded Effects*

☞ HILO CONDUCTOR

Laura sigue analizando los tipos de anuncios para poder valorar todas sus opciones antes de poner en marcha una campaña de *marketing* en TikTok. ¿En qué consisten los anuncios *Branded Effects*?

Los anuncios ***Branded Effects*** son aquellos que consisten en la creación de *stickers,* filtros y otros efectos que los usuarios pueden utilizar a la hora de crear su contenido. Así, este tipo de anuncio ayuda a que el usuario viva una experiencia más inmersiva e interactiva mientras promociona algo creado por la marca.

Este tipo de anuncios son muy originales e idóneos para incentivar el *engagement*.

IMPORTANTE

Estos *Branded Effects* se pueden utilizar dentro de un *Hashtag Challenge* o como una campaña independiente.

- -

Estos anuncios tienen también **ventajas y desventajas:**

Ventajas ✓	Inconvenientes ✗
- Son muy populares. - Son bien recibidos entre los usuarios. - Generan un gran *engagement*. - Son idóneos para la presencia de marca. - Pueden ayudar a fortalecer los *Hashtag Challenge*.	- En ocasiones, es posible necesitar la participación de *influencers*.

6. *In-Feed Ads*

 **HILO CONDUCTOR**

¿Qué son los *In-Feed Ads?* Laura también quiere conocer algunos anuncios que sean más sencillos de crear y que le puedan servir como base para su campaña de *marketing* en esta red social.

- -

Por último, en una campaña de *marketing* en TikTok es posible también realizar anuncios llamados **In-Feed Ads.** Este es el formato estándar en TikTok y es uno de los más habituales, ya que es el más sencillo.

Un anuncio de este tipo es un vídeo de una duración de entre 15 y 60 segundos que aparece en el *feed* del **Para ti** de los usuarios y se reproduce automáticamente. Funcionan como un vídeo normal, puesto que los usuarios pueden interactuar con ellos, comentando, dándole a *me gusta,* compartiéndolo o, incluso, siguiendo a la cuenta que publica el anuncio.

Las **ventajas** y **desventajas** de estos anuncios son:

Ventajas	Inconvenientes
- Se pueden utilizar para cumplir diferentes objetivos de campañas. - Parecen vídeos usuales, por lo que es más difícil que los usuarios los identifiquen como anuncios. - Permiten la interacción. - Se pueden incluir diferentes CTA *(call to action* o llamadas a la acción) para redirigir a los usuarios a las páginas deseadas, incluso páginas externas (como la página web de la marca).	- Al parecer un vídeo normal, debe competir con el resto de vídeos que se publican en el *feed* para llamar la atención de los usuarios.

 **VÍDEO**

Puedes ver un vídeo sobre qué tipos de anuncios existen en TikTok y cuáles son las principales características de cada uno, accediendo desde aquí:

https://redirectoronline.com/marketingtiktok0301

TAREA 3

Alberto trabaja como *community manager* para una pizzería que quiere crecer en redes sociales, sobre todo llegando a un público joven. Es por ello por lo que Alberto está preparando una campaña de *marketing* en TikTok que conste de dos tipos de anuncios: uno más orientado a la interacción, que invite a los usuarios a hacer alguna prueba relacionada con la elaboración de una pizza; y otro que sea un formato más típico de anuncio, que ocupe toda la pantalla, que alcance un gran número de visualizaciones y con el que el usuario pueda interactuar.

Piensa como si fueras Alberto y decide qué dos tipos de anuncios debería utilizar y cuál serviría para cada propósito.

---

7. Cómo hacer que tu vídeo sea viral

☞ HILO CONDUCTOR

Por último, Laura quiere asegurarse de que pueda crear vídeos y anuncios virales para poder tener éxito en esta plataforma. ¿Qué consejos debe tener en cuenta? ¿Qué puede hacer para generar un contenido con un gran número de visualizaciones e interacciones?

Tal y como hemos comentado en unidades anteriores, el principal **objetivo** de TikTok es **conseguir que los vídeos sean virales,** de tal forma que alcancen un gran número de visualizaciones e interacciones.

Lo cierto es que no hay una fórmula mágica como tal, pero seguir una serie de recomendaciones a la hora de crear tanto los contenidos como los vídeos para anuncios puede ayudar, y mucho, a lograr que un vídeo tenga éxito.

IMPORTANTE

Siempre que se realice un vídeo o un anuncio, no hay que olvidar revisar las métricas posteriormente y escuchar a la audiencia para saber cuál está siendo tanto la percepción del público como los datos reales que se están consiguiendo.

Para ello, es recomendable seguir los siguientes **consejos:**

1. **Cuenta historias que sean interesantes:** recuerda que siempre es importante llamar la atención del usuario, por lo que hay que contar historias que les interesen. En el caso de los anuncios, hay que pensar en el público objetivo que se quiere alcanzar y qué tipo de contenido le gusta.

2. **Capta la atención en los tres primeros segundos:** el tiempo es oro en TikTok, y los tres primeros segundos son fundamentales, sobre todo en anuncios en los que el usuario puede interactuar o pasar de largo. Si los usuarios se quedan más de tres segundos, TikTok valorará positivamente el vídeo.

3. **Crea vídeos cortos y que se puedan entender:** los vídeos cortos son la clave de TikTok, por lo que esto debe aplicarse también a los anuncios. Por lo tanto, es necesario que, en ese tiempo, se muestre la información que se quiere dar de forma clara y fácilmente entendible. De lo contrario, el vídeo no generará interés y no generará el impacto deseado.

4. **Incluye música y audios de tendencia:** es fundamental hacer una buena elección en lo que a la música y a los audios se refiere: apostar por las tendencias hace que el contenido se viralice más fácilmente, ya que son sonidos que se están utilizando mucho recientemente y le gustan al usuario.

5. **Utiliza *hashtags:*** especialmente, no olvides incluir *hashtags* más específicos que puedan dar información más detallada y precisa de qué contiene el vídeo. Pero también es importante tener en cuenta que mejor utilizar pocos *hashtags* pero útiles a muchos y que sean tan genéricos que no se relacionen bien con el vídeo.

6. **Usa el humor:** el humor es el tema favorito de los usuarios de TikTok, por lo que no es de extrañar que sea uno de los recursos más interesantes para los anuncios si se quiere conseguir un impacto positivo.

7. **Incluye efecto sorpresa:** los vídeos que incluyen datos curiosos, reacciones o temáticas más inesperadas suelen atraer más fácilmente la atención del usuario.

8. **Favorece la interacción:** la interacción es vital en TikTok y, siempre que se pueda, en los anuncios hay que apostar por ella. Además, esto sirve también para acercarse más a la audiencia deseada, estableciendo una relación de mayor confianza.

 PARA SABER MÁS

Si quieres conocer algunos anuncios que han tenido éxito, puedes leer el siguiente artículo en el que se incluyen veinte anuncios virales en TikTok, accediendo desde aquí:

https://redirectoronline.com/marketingtiktok0302

 APLICACIÓN PRÁCTICA

Elena subió un vídeo recientemente a TikTok en el que contaba datos curiosos sobre una ciudad japonesa. La duración del vídeo era de 30 segundos, incluía un audio en tendencia, pedía a los usuarios que comentaran con datos que conocían ellos y en los *hashtags* utilizó #datos #japón #viral #tiktok #vídeo #japan #curioso. Aun así, no consiguió que el vídeo fuera viral. ¿Cuál crees que fue el fallo?

- **No utiliza el factor sorpresa.**
- **Incluye música que ya está demasiado utilizada.**
- **Los *hashtags* son muy genéricos.**
- **No favorece la interacción.**

Continúa en página siguiente >>

<< Viene de página anterior

Solución

Los *hashtags* que ha utilizado Elena son muy genéricos. Sería necesario utilizar *hashtags* más concretos que ayuden a identificar mejor el vídeo y viralizar su contenido.

---

8. Resumen

La red social TikTok ofrece diferentes tipos de anuncios que las marcas pueden crear, dependiendo del objetivo que tengan y la forma en la que quieran presentarse a los usuarios:

Pero, a la hora de crear un anuncio, es importante tener en cuenta los siguientes consejos si se quiere crear un contenido que se haga viral:

1. Cuenta historias que sean interesantes.
2. Capta la atención en los tres primeros segundos.
3. Crea vídeos cortos y que se puedan entender.
4. Incluye música y audios de tendencia.
5. Utiliza *hashtags*.
6. Usa el humor.
7. Incluye efecto sorpresa.
8. Favorece la interacción.

Ejercicios de autoevaluación
Unidad de Aprendizaje 3

1. La relación de aspecto recomendada para un anuncio *TopView* es:

    a. 9:16
    b. 1:1
    c. 16:9
    d. Todas las opciones son correctas.

2. Indica si la siguiente oración es verdadera o falsa: "Los usuarios pueden interactuar con los anuncios *Brand Takeover*".

    a. Verdadero
    b. Falso

3. ¿En qué tipo de anuncios a veces es recomendable contar con la participación de *influencers*?

    a. *TopView*
    b. *Branded Effects*
    c. *In-Feed Ads*
    d. *Brand Takeover*

4. Los anuncios *In-Feed Ads* aparecen en...

    a. ... el *feed* de Para ti.
    b. ... el *feed* de Descubrir.
    c. ... el *feed* de Siguiendo.
    d. ... el *feed* de *Hashtag*.

5. Para que un vídeo se haga viral en TikTok, es recomendable que este capte la atención en los _____ primeros segundos.

    a. cinco
    b. diez
    c. quince
    d. tres

TikTok for Business: cómo crear anuncios en TikTok

Contenido

Objetivos

El objetivo general de esta unidad de aprendizaje es:

→ Conocer cómo crear una campaña de anuncios en TikTok.

Los objetivos específicos de esta unidad de aprendizaje son:

→ Definir qué es *TikTok for Business*.

→ Describir cómo funciona *TikTok for Business*.

→ Aprender a crear un anuncio paso a paso en TikTok.

1. Introducción

TikTok es una plataforma idónea para empresas, que se ha convertido en un espacio donde la creatividad y el alcance se unen para que las marcas puedan crear anuncios tan originales como efectivos. Es así como entra en juego *TikTok for Business,* una herramienta de TikTok con la que las empresas pueden gestionar sus anuncios.

Pero esta herramienta no funciona sola, ya que necesita de su herramienta hermana, *TikTok Ads Manager,* para poder crear dichos anuncios. Así, esta plataforma ofrece múltiples opciones a las empresas para que puedan crear anuncios de una manera totalmente personalizada y adaptada a sus necesidades.

De este modo, las empresas pueden gestionar desde el tipo de contenido hasta el presupuesto o la duración, pasando por la elaboración de dichos anuncios, en los cuales se pueden incluir diferentes elementos ya creados y pensados por TikTok.

Para entender esto mejor, nos centraremos en el caso de Laura, quien está empezando a preparar sus primeros anuncios en TikTok.

2. Qué es *TikTok for Business*

 **HILO CONDUCTOR**

Laura ya se ha decidido a dar el primer paso y empezar a crear sus primeros anuncios en esta red social. Por ello, investiga un poco sobre qué herramienta le puede servir para ello. ¿Qué es *TikTok for Business* y cómo la puede ayudar?

Tal y como hemos visto en unidades anteriores, TikTok es una plataforma idónea para crear contenido viral que llegue a una gran audiencia. Es por ello por lo que las marcas y empresas encuentran en esta plataforma una gran aliada para sus campañas de *marketing.*

TikTok cuenta con **TikTok for Business,** una plataforma en la que se ofrecen soluciones de *marketing* para empresas. Con dicha plataforma, TikTok le da a las empresas herramientas para convertirse en anunciantes de manera creativa, interactuando activamente con la comunidad de usuarios.

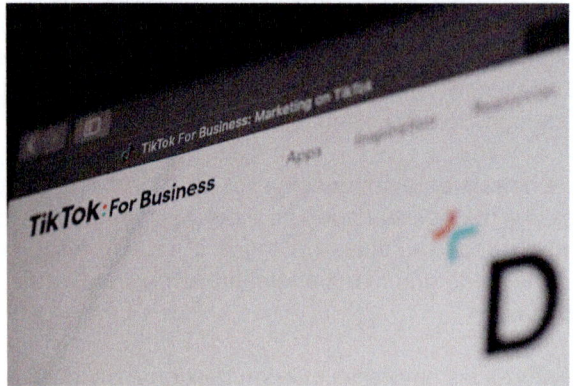

Logo de TikTok for Business (© Fotogradía: PixieMe / Shutterstock.com)

Dicho de otro modo, *TikTok for Business* es la herramienta principal de TikTok con la que las empresas pueden crear sus campañas de anuncios en esta red social.

Esta herramienta es una gran oportunidad porque en ella no solo se incluye la posibilidad de crear los anuncios, sino que TikTok también ofrece:

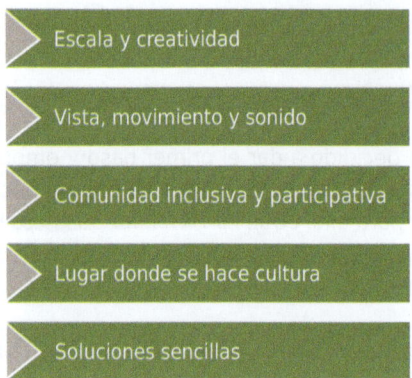

Debes tener en cuenta que hay dos **tipos de cuentas** que has de manejar para crear, gestionar y controlar todo lo relacionado con los anuncios:

| TikTok for Business | - *TikTok for Business* es la plataforma en la que se tiene el control de todos los activos publicitarios. Es decir, métricas, datos y herramientas creativas. |
| TikTok Ads Manager | - *TikTok Ads Manager* es la plataforma con la que directamente se crean y se gestionan los anuncios. |

IMPORTANTE

Para poder acceder a *TikTok Ads Manager* hay que tener una cuenta en *TikTok for Business.*

---

3. Ventajas de *TikTok for Business*

☞ HILO CONDUCTOR

Al principio, Laura no está muy segura de si realmente esta plataforma la va a ayudar tanto como ella se imagina, por eso investiga sobre sus ventajas.

Actualmente, son muchas las marcas y empresas que deciden anunciarse en TikTok, creando vídeos patrocinados y no solo contenido orgánico. Es así como deciden crear sus cuentas en *TikTok for Business* para poder empezar a crear campañas de anuncios que les permitan conseguir sus objetivos de *marketing.* Además, gracias a esta plataforma pueden también tener acceso a datos interesantes, como estadísticas.

Lo cierto es que *TikTok for Business* presenta múltiples **ventajas** para las empresas:

- **Mayor facilidad para darse a conocer:** la viralidad que ofrece TikTok permite que sea más sencillo para las empresas el darse a conocer. Así, los anuncios en esta red social favorecen que el contenido de la marca llegue al consumidor de una manera mucho más rápida.
- **Se llega a un público objetivo más concreto:** es posible crear campañas de anuncios que se dirijan a un público objetivo concreto: con ciertos intereses relacionados con la marca, de ciertos lugares, con un rango de edad específico, etc. De este modo, el contenido que se ofrece es más eficaz.
- **Favorece la creatividad:** con *TikTok for Business* las empresas y marcas pueden explorar nuevos conceptos de creatividad a la hora de crear sus anuncios.
- **Se alcanzan buenas cifras de *engagement:*** teniendo en cuenta que la plataforma tiene un gran público, que se puede llegar exactamente al *target* deseado y que la creatividad se puede explotar, las cifras de *engagement* en TikTok para anuncios son realmente buenas.

NOTA

El 92 % de usuarios activos en TikTok llevan a cabo una acción después de ver un vídeo en la plataforma, y el 68 % de los usuarios consideran que los anuncios en ella son únicos o distintos de los de cualquier otra. Además, los usuarios tienen hasta 1,5 veces más probabilidades de comprar inmediatamente algo que han descubierto en TikTok.

- -

ACTIVIDAD COMPLEMENTARIA

3. Busca un ejemplo de un anuncio en TikTok y explica por qué crees que es un buen anuncio, y si crees que le ha reportado las ventajas comentadas anteriormente. ¿Ha sido viral? ¿Crees que ha llegado a la audiencia deseada? ¿Ha tenido interacciones (en el caso de que se pueda interactuar)? ¿Qué crees que es lo más destacable del anuncio? ¿Por qué crees que tiene o ha tenido éxito?

- -

4. Cómo crear un anuncio en *TikTok for Business*

☞ HILO CONDUCTOR

Una vez que se ha dado cuenta de que, efectivamente, necesita *TikTok for Business,* Laura empieza a trabajar en su primera campaña de anuncios.

Los **pasos para anunciarse** en TikTok son relativamente sencillos, tan solo hay que crear la campaña, luego los grupos de anuncios y, finalmente, los anuncios.

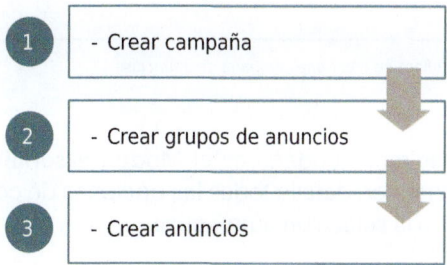

1. - Crear campaña
2. - Crear grupos de anuncios
3. - Crear anuncios

 RECUERDA

TikTok Ads Manager es la plataforma que permite crear los anuncios propiamente dichos. Si quieres acceder a ella, puedes hacerlo desde aquí:

https://redirectoronline.com/marketingtiktok0401

Para crear una campaña, hay que ir a *TikTok Ads Manager,* escoger la cuenta con la que se quiere crear la campaña y seleccionar el tipo de campaña que se quiere crear:

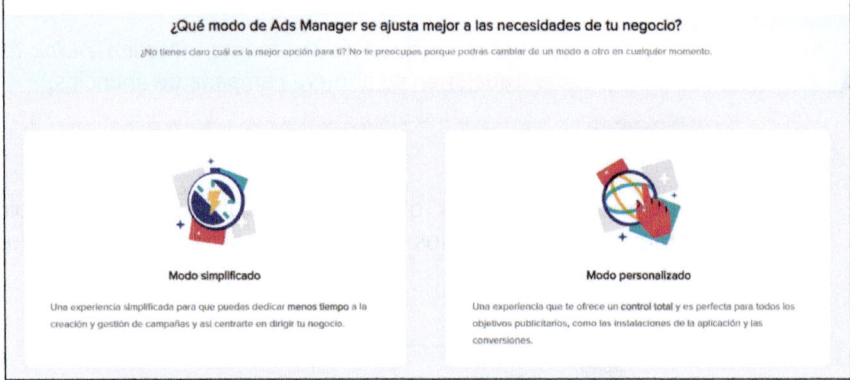

Opciones disponibles a la hora de crear una campaña de anuncios

La opción más recomendada es el **Modo personalizado,** puesto que se pueden escoger con detalle todas las opciones de configuración, sin dejar nada al azar o a la selección automática.

Así, cuando se crea una campaña se debe:

1. **Elegir el objetivo:** el primer paso para elegir una campaña es elegir el objetivo. TikTok ofrece diferentes opciones:

   ⟲ Dirigir tráfico a tu sitio web.
   ⟲ Aumentar las descargas de aplicaciones.
   ⟲ Aumentar las ventas en línea.
   ⟲ Atraer nuevas oportunidades de venta.

2. **Seleccionar la audiencia:** a continuación, es el momento de seleccionar la audiencia. Es decir, el público al que se quiere dirigir el anuncio. TikTok ofrece una gran cantidad de opciones de segmentación para poder crear una audiencia tan precisa y concreta como se desee. De hecho, también es posible crear "audiencias personalizadas" o "audiencias similares".
   Así, se pueden segmentar por sexo, intereses, ubicación, *hashtags,* comportamientos y mucho más.

3. **Establecer el presupuesto:** el siguiente paso es establecer el presupuesto. De este modo, se puede introducir el presupuesto diario o el presupuesto total de la campaña y también se puede ajustar o pausar el anuncio en cualquier momento.
Es importante que sepas que hay un presupuesto mínimo:

⊍ Para las campañas, los presupuestos mínimos tanto diarios como totales deben superar los 50 USD (45 €, aproximadamente).
⊍ Para los grupos de anuncios, los presupuestos diarios deben superar los 20 USD (18 €, aproximadamente).

TikTok ofrece la posibilidad de hacer una estimación de cuánta audiencia se va a alcanzar en función del presupuesto marcado.

4. **Diseñar el anuncio:** es el momento de diseñar y crear el propio anuncio. Así, se puede subir y cargar un vídeo ya hecho previamente o editar directamente un anuncio desde la plataforma que ofrece TikTok.
5. **Publicar el anuncio:** una vez que todo lo anterior está debidamente configurado, es el momento de, finalmente, publicar el anuncio para que esté activo.

 **PARA SABER MÁS**

Puedes conocer más sobre los objetivos que se pueden seleccionar en TikTok accediendo desde aquí:

https://redirectoronline.com/marketingtiktok0402

Además, puedes conocer más sobre la creación y segmentación de audiencia en las campañas en TikTok accediendo desde aquí:

Continúa en página siguiente >>

<< *Viene de página anterior*

https://redirectoronline.com/marketingtiktok0403

Por último, puedes aprender más sobre los consejos que ofrece TikTok para optimizar el presupuesto, accediendo a los siguientes enlaces de ayuda:

https://redirectoronline.com/marketingtiktok0404

https://redirectoronline.com/marketingtiktok0405

https://redirectoronline.com/marketingtiktok0406

RECUERDA

TikTok también te permite acceder a las estadísticas para que puedas medir los resultados de los anuncios.

PARA SABER MÁS

Puedes conocer más sobre los pasos para crear tu campaña de anuncios en TikTok accediendo desde aquí:

https://redirectoronline.com/marketingtiktok0407

De manera más concreta, para crear un anuncio o, mejor dicho, **diseñar un anuncio,** debes seguir los siguientes pasos:

1. **Poner el nombre del anuncio:** lo primero que hay que hacer es poner el nombre del anuncio, el cual no puede superar los 512 caracteres. Este nombre no aparecerá en el anuncio, servirá solo como referencia para diferenciarlo dentro de la campaña.
2. **Seleccionar el formato:** a continuación, hay que seleccionar el formato de anuncio. Actualmente, TikTok solo admite el formato en vídeo.
3. **Añadir los detalles del anuncio:** después, es el momento de añadir los detalles del anuncio. Estos detalles son los siguientes: los medios, la miniatura, el texto, el enlace y las llamadas a la acción.
   A la hora de añadir los medios (o el contenido multimedia propiamente dicho), se puede hacer de la siguiente forma:

◍ Subiendo un vídeo desde el equipo.
◍ Añadirlo desde un recurso guardado previamente o utilizado en otra campaña de anuncios.
◍ Crear un vídeo desde TikTok. Así, se puede crear el vídeo con una plantilla de vídeo, con la función de vídeo inteligente o con la opción de banda sonora de vídeo inteligente (esta se puede utilizar cuando se sube un vídeo sin música, para que TikTok la genere automáticamente de acuerdo con el contenido).

A la hora de elegir una miniatura hay que tener en cuenta que debe ser bien escogida. Del mismo modo, se puede subir una ya editada o escoger una imagen de previsualización del propio vídeo.
Cuando el contenido multimedia ya está hecho, hay que añadir otros elementos, como el texto y el enlace:

◍ Nombre visible: será el nombre de la marca.
◍ Texto: el texto que se desea que aparezca en el anuncio.
◍ Llamada a la acción (ya disponibles en TikTok, tan solo hay que seleccionar la que se desea).
◍ Imagen de perfil: a poder ser, el logo de la marca.
◍ URL: la URL de destino a la que se desea que redirija el anuncio.

4. **Añadir enlaces de seguimiento:** por último, es posible añadir URL de seguimiento o píxeles de terceros, los cuales sirven para monitorizar los datos de rendimiento de los anuncios. Estos píxeles pueden ser los propios de TikTok o de terceros.

Cuando los pasos anteriores se han realizado, entonces hay que darle a **Enviar.** Con ello, el anuncio pasará primero un proceso de revisión y, una vez aceptado, será publicado.

 PARA SABER MÁS

Puedes ver mejor el proceso de cómo crear un anuncio paso a paso en la página de ayuda de TikTok, accediendo desde aquí:

Continúa en página siguiente >>

<< Viene de página anterior

https://redirectoronline.com/marketingtiktok0408

 ## VÍDEO

Si quieres entender mejor cómo se hace una campaña de anuncios y un anuncio en TikTok puedes visualizar un vídeo donde se explica todo el proceso detenidamente con un ejemplo, accediendo desde aquí:

https://redirectoronline.com/marketingtiktok0409

 ## TAREA 4

Yara necesita realizar un anuncio en TikTok para promocionar un nuevo servicio que ofrece en su centro de estética. Este servicio está orientado a mujeres de entre 25-45 años. Así, quiere subir un vídeo que le aparezca a los usuarios que puedan ser clientes potenciales y que, si interactúan con el enlace incluido, puedan reservar una cita desde la página web.

Actua como si fueras Yara y específica, paso a paso, qué debes hacer para crear tu anuncio, teniendo en cuenta que ella nunca ha creado ninguna campaña de anuncios en TikTok.

---

5. Resumen

TikTok cuenta con dos principales plataformas que sirven para crear y gestionar los anuncios:

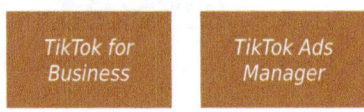

Gracias a ambas, las empresas pueden crear campañas de marketing en esta red social y disfrutar de sus múltiples ventajas. Así, para poder empezar a crear un anuncio hay que:

1. Crear campaña
2. Crear grupos de anuncios
3. Crear anuncios

Por último, los pasos para crear el anuncio propiamente dicho son los siguientes:

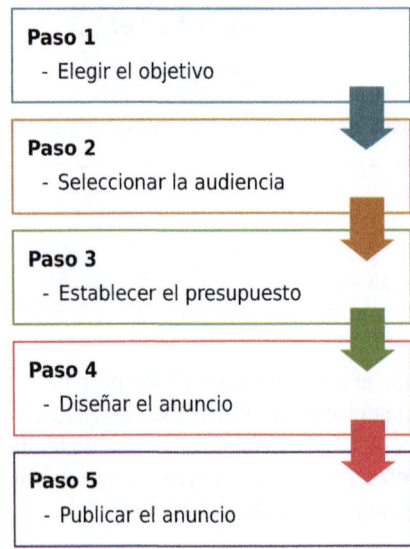

Ejercicios de autoevaluación
Unidad de Aprendizaje 4

1. Indica si la siguiente oración es verdadera o falsa: *"TikTok Ads Manager* es la plataforma en la que se tiene el control de todos los activos publicitarios. Es decir, métricas, datos y herramientas creativas".

   ■ Verdadero
   ■ Falso

2. Ordena cronológicamente los pasos que hay que seguir para crear un anuncio:

   a. Seleccionar la audiencia.
   b. Publicar el anuncio.
   c. Diseñar el anuncio.
   d. Establecer el presupuesto.
   e. Elegir el objetivo.

3. Para los grupos de anuncios, los presupuestos diarios deben superar los...

   a. ... 50 USD.
   b. ... 20 USD.
   c. ... 10 USD.
   d. ... 30 USD.

4. Indica si la siguiente oración es verdadera o falsa: "Los enlaces de seguimiento sirven para monitorizar los datos de rendimiento de los anuncios".

   ■ Verdadero
   ■ Falso

5. A la hora de diseñar un anuncio, la llamada a la acción se debe incluir en el momento de...

   a. ... poner el nombre del anuncio.
   b. ... seleccionar el formato.

c. ... añadir los detalles del anuncio.
d. ... añadir enlaces de seguimiento.

Consejos para una buena estrategia de *marketing* en TikTok

Contenido

Objetivos

El objetivo general de esta unidad de aprendizaje es:

→ Desarrollar una adecuada estrategia de *marketing* en TikTok.

Los objetivos específicos de esta unidad de aprendizaje son:

→ Identificar los principales consejos para crear una estrategia de *marketing* efectiva en TikTok.

→ Reconocer estrategias de éxito de *marketing* digital en TikTok.

1. Introducción

TikTok es una plataforma idónea para realizar diferentes campañas de *marketing* digital. Tal es así que es necesario crear estrategias adecuadas con las que poder planificar el contenido conforme a unos objetivos para tener éxito.

Estas estrategias servirán para marcar un plan de acción claro con el que crear contenido de calidad para la audiencia deseada. Pero es fundamental seguir una serie de consejos para poder lograr dichos objetivos.

Estudiar a la audiencia, ser original, interactuar con los usuarios o tener un calendario de publicaciones son algunas de las cosas que tener en cuenta en toda estrategia de *marketing* digital en TikTok.

Para entender esto mejor, nos centraremos en el caso de Laura, quien, finalmente, va a crear una estrategia de *marketing* en TikTok para poder sacarle el máximo rendimiento a esta red social.

2. Qué se debe tener en cuenta a la hora de crear una estrategia de *marketing* en TikTok

☞ HILO CONDUCTOR

Ha llegado el momento en el que Laura ha decidido trabajar detalladamente en TikTok, por lo que decide crear una estrategia de *marketing* con la que poder cumplir objetivos y conectar con su audiencia de la manera en que desea. ¿Cómo puede crear una buena estrategia de *marketing* en TikTok? ¿Qué consejos debe seguir?

A la hora de crear anuncios en TikTok y sacarle el máximo partido a esta red social a nivel de promoción, es fundamental contar con una **estrategia de marketing digital** en la que se detallen los pasos para conseguir los objetivos deseados.

DEFINICIÓN

Estrategia de *marketing* digital
Una estrategia de *marketing* digital es una planificación de las acciones que se han de llevar a cabo en los medios *online* para alcanzar los objetivos marcados por la empresa.

Así pues, a la hora de utilizar TikTok es importante crear una estrategia bien definida para poder aprovechar todos los beneficios de esta plataforma, además de asegurarse de que se logran los objetivos y, posteriormente, poder estudiar los resultados obtenidos.

NOTA

Los objetivos marcados en una estrategia de *marketing* digital pueden estar relacionados tanto con objetivos que lograr en el ámbito *online* como con objetivos que lograr, en general, en la empresa. Por ejemplo, pueden ser conseguir un mayor número de seguidores, conseguir más visitas a la página web o aumentar las ventas en el próximo trimestre.

Una vez que se decide que TikTok va a ser parte de la estrategia de *marketing* digital, es necesario hacer una estrategia específica para esta plataforma. De este modo, se podrán pensar acciones más concretas y detalladas para lograr lo deseado.

Algunos **consejos para crear una estrategia de *marketing* digital en TikTok** exitosa son:

➲ **Conoce a tu nicho:** para hacer una estrategia de *marketing* adecuada en TikTok es fundamental conocer al nicho de la empresa; es decir, la audiencia o el público objetivo de esta. Esto permitirá crear acciones certeras y que llamen la atención del consumidor potencial que interesa. De este modo, es muy recomendable crear un *buyer* persona y estudiar cómo se puede comunicar en su idioma en la plataforma para poder llegar a él.

El *buyer* persona se trata de la representación ficticia del cliente ideal de la marca. En esta representación se crea el perfil exacto de un cliente potencial, incluyendo nombre, género, edad, intereses, forma de vida, rutina, etc.

➲ **Mantente al día de las tendencias:** para poder triunfar en TikTok, es necesario también estar al día de las tendencias y saber de qué se habla. ¿Cuál es la música que está triunfando? ¿Qué audios se utilizan? ¿Qué filtros? ¿Qué *hashtags*?

Todo esto permitirá detectar si hay alguna tendencia que interese, así como descubrir si se puede relacionar con el contenido de la marca de alguna forma. Así, se podrá crear contenido que esté en tendencia y se llegará a un público mayor.

➲ **Sé constante:** la constancia es otra de las claves en una estrategia de *marketing*. Así, según el algoritmo de TikTok, es recomendable publicar de una a cuatro veces al día. Pasar demasiado tiempo sin hacer publicaciones puede afectar al perfil y hacer que el contenido no se muestre tanto a los usuarios.

Para ello, es recomendable contar con un calendario de publicaciones que ayude a determinar los días en los que se va a publicar, así como las mejores horas para ello.

➲ **Sé original:** la originalidad no se puede olvidar nunca en esta plataforma. Hay que crear un contenido original, creativo y que, por supuesto, no copie a otros. Se deben buscar formas originales de llamar la atención del usuario, especialmente del cliente potencial.

➲ **Muestra tu identidad de marca:** una estrategia de *marketing* también necesita mostrar la identidad de marca: mostrarle al usuario los valores de la marca, qué la hace diferente, qué mensajes esta tiene para ofrecer, etc.

➲ **Combina contenido orgánico con contenido pagado:** en TikTok hay múltiples formatos para crear contenido de pago (anuncios), pero es igualmente importante crear contenido orgánico. El contenido orgánico es, básicamente, el contenido que no es pagado, las publicaciones normales y habituales de TikTok.

Esto hace, por un lado, que los usuarios puedan confiar más en ti y que, en general, tengas más contenido para mostrarles.

➲ **Utiliza el contenido generado por el usuario:** la audiencia es muy importante en esta plataforma. Por ello, aprovechar también su contenido es una gran idea en cualquier estrategia de *marketing* en TikTok. Así, se pueden hacer vídeos a dúo, compartir el contenido creado por los usuarios en *hashtags,* si te han etiquetado, etc.

➲ **Dedica tiempo a interactuar con tu audiencia:** además de utilizar el contenido generado por el usuario, es muy recomendable mantener una interacción viva con él. De este modo, dedica tiempo todos los días a contestar comentarios, darles "me gusta", buscar vídeos que puedan estar relacionados con tu contenido y comentar, etc.

- **Utiliza el SEO:** TikTok también puede ser una gran plataforma para trabajar el SEO. En este sentido, se recomienda utilizar esta red social para continuar con la estrategia de SEO que se tenga creada *online*: utiliza palabras clave en el perfil, en los *hashtags,* en los anuncios...
Todo ello ayudará a posicionar bien el contenido y, a largo plazo, tu marca.

- **Vigila a la competencia:** sí, no hay que copiar, pero nunca está de más ver qué hace la competencia o empresas que puedan estar relacionadas en el sector. Es más, se puede ver qué hacen otras empresas, aunque no sean del mismo sector, para tener inspiración a la hora de generar contenido o ver cómo interactúan con sus usuarios.
Recuerda que nunca hay que copiar.

- **Analiza los resultados:** por último, toda estrategia de *marketing* digital necesita un paso final: el análisis de estadísticas y resultados. Es necesario dedicar tiempo a ver qué resultados están teniendo los contenidos (tanto orgánicos como pagados) para saber qué se está haciendo bien y en qué se puede mejorar.

NOTA

La propia plataforma tiene un apartado en el que recopila las diarias en TikTok, destacando tanto los vídeos populares como los *hashtags* y los sonidos. Si quieres consultarlo en la plataforma de TikTok, puedes hacerlo accediendo desde aquí:

https://redirectoronline.com/marketingtiktok0501

- -

APLICACIÓN PRÁCTICA

Leo ha empezado a utilizar TikTok para promocionar su nuevo estudio de tatuajes. Así, invita a sus seguidores a realizar diferentes *challenges*

Continúa en página siguiente >>

<< Viene de página anterior

creativos, incluye palabras clave, publica contenido todos los días y utiliza audios de tendencia. Todo ello lo hace mediante anuncios. ¿Crees que es lo correcto?

Solución

Si bien es cierto que el contenido patrocinado es muy bueno para una estrategia de *marketing* en TikTok, nunca hay que olvidar el contenido orgánico.

2.1. Casos de éxito

Estos son algunos ejemplos de empresas que han utilizado una interesante estrategia de *marketing* en TikTok que les ha permitido tener éxito en sus contenidos:

⮞ **Google:** una de las estrategias de *marketing* más exitosas de Google fue cuando la marca se animó a lanzar una campaña para promocionar su asistente de Google en 2019. A través de esta campaña, se quería invitar a los usuarios a crear sus propios vídeos utilizando dicho asistente (ya fuera mediante los productos de Google Home o mediante la aplicación de TikTok). Así, se les pedía a los usuarios que compartieran estos vídeos utilizando el *hashtag* #HeyGoogelHelp.
Para promocionar esta campaña, se utilizaron tanto colaboraciones con *influencers* famosos en TikTok como anuncios en la página de inicio.

⮞ **Alan Walker:** Alan Walker es un DJ y productor de música que hizo una campaña de *marketing* para promocionar su nueva canción "Different World". Para ello, les pidió a los usuarios que se grabaran realizando acciones cuidando el medio ambiente y publicaran el vídeo utilizando el *hashtag* #DifferentWorld. Con ello, no solo consiguió promocionar su canción, sino también transmitir un mensaje importante para él y que define su identidad de marca.
Además, los sesenta mejores vídeos de este reto recibían un premio. Con ello también se conseguía que los usuarios se esforzaran por crear contenido de calidad.

⮞ **Chipotle:** Chipotle se hizo muy viral en TikTok con una idea sencilla pero efectiva. Así, en su estrategia de *marketing* incluyeron un reto con el que animaron a los usuarios a participar y a crear contenido.
La marca les propuso a los usuarios un reto con el que jugar con su comida cuando la recibían a domicilio: había que dejar caer el bol encima de su tapa para hacer que esta se diera la vuelta y volviera a caer sobre el bol. Los vídeos del reto debían compartirse con el *hashtag* #ChipotleFlip.

Se convirtió en un reto que, en tan solo 6 días, consiguió más de 110.000 vídeos.

 **TAREA 5**

Rocío es la *community manager* de una marca de ropa deportiva para mujer que necesita preparar una estrategia de *marketing* digital en TikTok para la próxima campaña de primavera. El objetivo es aumentar las ventas de los productos de la nueva colección. Esta ropa está hecha con materiales reciclados.

Actua como si fueras Rocío y prepara, brevemente, una estrategia para TikTok en la que se incluyan acciones adecuadas para tener éxito.

3. Resumen

Una buena estrategia de *marketing* en TikTok es fundamental para conseguir buenos resultados para la marca en esta plataforma. Así pues, los principales consejos son:

1. Conoce a tu nicho
2. Mantente al día de las tendencias
3. Sé constante
4. Sé original
5. Muestra tu identidad de marca
6. Combina contenido orgánico con contenido pagado
7. Utiliza el contenido generado por el usuario
8. Dedica tiempo a interactuar con tu audiencia
9. Utiliza el SEO
10. Vigila a la competencia
11. Analiza los resultados

Estos consejos son seguidos por marcas y empresas para crear campañas de *marketing* efectivas en TikTok. Algunas de estos casos de éxito pueden ser, por ejemplo, el de Google, Chipotle o Alan Walker, quienes han conseguido grandes interacciones para ciertas promociones, gracias a la creatividad, la constancia y el contenido orgánico.

Ejercicios de autoevaluación
Unidad de Aprendizaje 5

1. Indica si la siguiente oración es verdadera o falsa: "Una estrategia de *marketing* digital es una planificación de las acciones que se han de llevar a cabo en los medios *online* para alcanzar los objetivos marcados por la empresa".

   ■ Verdadero
   ■ Falso

2. ¿Qué nombre recibe el perfil ficticio del consumidor ideal?

   a. *Ideal buyer*
   b. *Buyer* persona
   c. *Buyer marketing*
   d. *Target ideal*

3. Lo recomendable en TikTok es publicar...

   a. ... una vez a la semana.
   b. ... de una a dos veces al día.
   c. ... de una a cuatro veces al día.
   d. ... en días alternos.

4. ¿Qué es necesario mostrar también en una estrategia de *marketing* en TikTok?

   a. La identidad de marca
   b. Los objetivos de la empresa
   c. El *target* de la marca
   d. Los colores corporativos

5. Indica si la siguiente oración es verdadera o falsa: "No siempre es necesario analizar los resultados en una estrategia de *marketing,* solo cuando la campaña dura más de dos meses".

   ■ Verdadero
   ■ Falso

Glosario

Buyer persona
Se trata de la representación ficticia del cliente ideal de la marca. En esta representación se crea el perfil exacto de un cliente potencial, incluyendo nombre, género, edad, intereses, forma de vida, rutina, etc.

Challenge
Reto que se realiza en la red social. Habitualmente, son pequeñas coreografías que se realizan con diferentes canciones, aunque también pueden ser retos como ejercicios o similares.

Engagement
Reacción, respuesta y compromiso de un usuario con la marca. Se puede traducir en la cantidad de interacciones que un contenido genera por parte del público.

Estrategia de marketing digital
Una estrategia de marketing digital es una planificación de las acciones que se han de llevar a cabo en los medios online para alcanzar los objetivos marcados por la empresa.

Generación Z
Grupo de personas nacidas entre finales de 1990 y principio de los 2000.

Hashtag
Hashtag hace referencia a una palabra clave (o conjunto de palabras clave) precedida de la almohadilla (#) y que se utiliza en redes sociales para identificar o etiquetar un contenido. Estos hashtag (también llamados tags o etiquetas) suelen ser clicables. Identidad de marca.

Influencer
Persona que destaca en una red social y que tiene influencia sobre muchas otras personas (sus seguidores).

Likes

Son los "me gusta" que recibe una publicación en la red social.

SEO *(search engine optimization)*

Incluye las acciones que se realizan para optimizar una página web o redes sociales para mejorar el posicionamiento orgánico en los motores de búsqueda.

Target

Es el público objetivo, la audiencia a la que se dirigen las acciones de *marketing,* así como los servicios o productos de la empresa.

Trend

Tendencia que se sigue en la red social.

Bibliografía

Textos electrónicos, bases de datos y programas informáticos

→ 10 estrategias de *marketing* en TikTok para hacer crecer tu cuenta, de: https://www.iebschool.com/blog/10-estrategias-de-marketing-en-tiktok-para-hacer-crecer-tu-cuenta-redes-sociales/

   Artículo muy interesante en el que se detallan diez estrategias de *marketing* que se pueden utilizar en TikTok para conseguir que una cuenta crezca más rápido y llegue a un mayor número de usuarios.

→ 8 tips para hacer viral un vídeo de TikTok, de : https://www.mood359.com/8-tips-hacer-viral-video-tiktok

   Artículo en el que se recogen ocho interesantes consejos que poner en práctica para lograr que un vídeo se haga viral en TikTok de manera efectiva.

→ Beneficios de TikTok para promocionar tu negocio, de: https://www.escueladeinternet.com/beneficios-de-tiktok-para-promocionar-tu-negocio/

   Artículo en el que se recogen los doce principales beneficios que ofrece TikTok a las empresas, explicando en profundidad cada uno de ellos.

→ Cómo desarrollar una estrategia de *marketing* en TikTok para tu empresa, de: https://www.cyberclick.es/numerical-blog/como-desarrollar-una-estrategia-de-marketing-en-tiktok-para-tu-empresa

   Una guía elaborada por Cyberclick, expertos en *marketing,* donde se detallan algunos consejos para poder crear una estrategia de *marketing* en TikTok para marcas y empresas.

→ Cómo empezar a anunciarse con *TikTok Ads Manager,* de: https://www.tiktok.com/business/es/how-it-works

   Página de ayuda de TikTok en la que se explica paso a paso cómo funciona su herramienta de *TikTok Ads Manager.* Es una página muy completa en la que se enlazan diferentes páginas donde se dan consejos más detallados para cada sección o paso que seguir.

→ Creador de TikTok | La historia detrás de la red social del momento, de: https://www.thepowermba.com/es/blog/creador-de-tiktok-la-historia-detras-de-la-red-social-del-momento

Completo artículo que detalla todo sobre la historia de TikTok hasta la actualidad, haciendo hincapié en los datos más señalados.

→ ¿Cuáles son las funciones de TikTok?, de: https://theparrotcrm.com/blog/cuáles-son-las-funciones-de-tiktok

Interesante artículo en el que se recopilan las principales funciones que pueden encontrar los usuarios y las marcas en esta red social. Se explican detalladamente cada una de ellas.

→ Formatos de anuncios de TikTok: todo lo que debes saber para tener éxito en esta plataforma, de: https://www.adjust.com/es/blog/guide-to-tiktok-ad-formats

Artículo en el que se detallan, con ejemplos, los principales formatos de anuncios que pueden utilizar las empresas para promocionarse en TikTok.

→ La enigmática historia de TikTok, de: https://computerhoy.com/reportajes/tecnologia/historia-tiktok-689109

Un artículo muy interesante que habla sobre la curiosa historia de esta red social: cómo surgió y cómo ha sido su evolución a lo largo de los años.

→ Las nuevas posibilidades de *marketing* con TikTok, de: https://rednew.es/marketing-tiktok/

Interesante artículo en el que se da un nuevo punto de vista de TikTok y se habla de las nuevas posibilidades que ofrece esta red social en el ámbito del *marketing* digital.

→ *Marketing* viral en TikTok: cómo hacer viral tu vídeo, de: https://www.cyberclick.es/numerical-blog/marketing-viral-en-tiktok-como-hacer-viral-tu-video

Completo artículo en el que Claudia Martínez, experta en *marketing* digital, ofrece consejos para hacer virales los vídeos que se publiquen en TikTok.

→ ¿Por qué usar TikTok para mi estrategia de *marketing* digital?, de: https://www.occamagenciadigital.com/blog/por-que-usar-tiktok-para-mi-estrategia-de-marketing-digital

Un artículo en el que Ángela Martínez habla sobre las principales razones por las que toda empresa debe valorar la opción de incluir TikTok en su estrategia de *marketing* digital. Se trata de un artículo completo muy sencillo de leer y que ofrece un interesante punto de vista.

→ Presentando *TikTok for Business,* de:
https://newsroom.tiktok.com/es-latam/presentando-tiktok-for-business

> Nota de prensa de la plataforma de TikTok en la que detalla qué es *TikTok for Business* y qué beneficios presenta este para las empresas.

→ Publicidad en TikTok: guía completa de *TikTok Ads* [2023], de:
https://rubenmanez.com/publicidad-en-tiktok

> Guía muy completa elaborada por Rubén Máñez, experto en *marketing* digital, en la que se explica paso a paso cómo crear una campaña en *TikTok Ads*. También se explican los diferentes tipos de anuncios y todo lo que se debe saber para explotar esta herramienta.

→ Publicidad en TikTok: guía completa para empezar tus campañas, de:
https://www.cyberclick.es/numerical-blog/publicidad-en-tik-tok-guia-completa-para-empezar-tus-campanas

> Una guía muy interesante y completa en la que se recogen los consejos principales para poder sacarles el máximo provecho a las posibilidades de *TikTok Ads* y *TikTok for Business.*

→ ¿Qué es TikTok, cómo funciona y por qué es importante en tu estrategia?, de:
https://webescuela.com/que-es-tiktok/

> Un artículo muy completo en el que se habla sobre TikTok, destacando sus principales funcionalidades, secciones y mucho más para entender en su totalidad esta famosa plataforma.

→ TikTok *marketing:* guía completa para hacer crecer tu marca en la aplicación, de: https://hotmart.com/es/blog/tiktok-marketing

> Una guía muy completa en la que se recogen los principales consejos y demás datos de interés que debe conocer toda marca para poder exprimir al máximo los beneficios de esta plataforma.

→ TikTok: qué es y cómo funciona esta red social, de:
https://www.cyberclick.es/que-es-tik-tok-red-social

> Artículo muy completo elaborado por expertos en *marketing* digital en el que detallan muy bien qué es esta plataforma y cómo funciona.